www.ingramcontent.com/pod-product-compliance
Lightning Source LLC
LaVergne TN
LVHW021230080526
838199LV00089B/5989

انوارِ نظر

(غزلیں)

منشی نوبت رائے نظر لکھنوی

© Nazar Lucknovi

Anwaar-e-Nazar *(Ghazals)*
by: Nazar Lucknovi
Edition: May '2025
Publisher :
Taemeer Publications LLC (Michigan, USA / Hyderabad, India)

ISBN 978-93-6908-270-4
9 789369 082704

مصنف یاناشر کی پیشگی اجازت کے بغیر اس کتاب کا کوئی بھی حصہ کسی بھی شکل میں بشمول ویب سائٹ پر
اَپ لوڈنگ کے لیے استعمال نہ کیا جائے۔ نیز اس کتاب پر کسی بھی قسم کے تنازع کو نمٹانے کا اختیار
صرف حیدرآباد (تلنگانہ) کی عدلیہ کو ہوگا۔

© نظر لکھنوی

کتاب : **انوارِ نظر** (غزلیں)

مصنف : **منشی نوبت رائے نظر لکھنوی**

صنف : شاعری

ناشر : تعمیر پبلی کیشنز (حیدرآباد، انڈیا)

سالِ اشاعت : ۲۰۲۵ء

صفحات : ۷۶

سرورق ڈیزائن : تعمیر ویب ڈیزائن

انتساب

عالی جناب

حافظ محمد ابراہیم صاحب

(گورنر پنجاب،)

کے نام

جنہیں

اردو شعر و ادب سے عشق کے درجہ تک لگاؤ اور دلچسپی ہے۔

منشی نوبت رائے نظرؔ

منشی نوبت رائے نظرؔ ایک متوسط درجہ سکسینہ کالیستھ خاندان میں پیدا ہوئے۔ سرزمیں لکھنؤ کو آپ کی جنم بھومی ہونے کا فخر حاصل ہے۔ آپ کا سن پیدائش ۱۸۶۶ء اور آپ کی تاریخ وفات ۱۰ اپریل ۱۹۲۳ء ہے۔ ضیق النفس آپ کے لئے پیامِ مرگ ثابت ہوا۔

خواجہ عشرتؔ لکھنوی نے آپ کا سال وفات ۱۹۱۶ء تحریر فرمایا ہے، یہ صحیح نہیں ہے۔ محشرؔ لکھنوی نے جو قطعۂ تاریخ کہا ہے اس کے مصرعۂ تاریخ سے بھی ۱۹۲۳ء نکلتا ہے۔ یہ شعر ملاحظہ ہو۔ ؎

کلکِ محشرؔ نے لکھا سالِ وفات
شاعرِ کامل نظرؔ سے چھپ گیا

آپ کے بزرگ اٹاوہ (یو۔پی) کے رہنے والے تھے۔ یہ پہلے دہلی گئے اور بعد میں مستقل طور پر نوازگنج میں مقیم ہو گئے۔ نوازگنج لکھنؤ کے ایک مشہور محلّے

کا نام ہے۔

اس خاندان کے بزرگ دہلی کی مغلیہ سلطنت اور لکھنؤ کے نوابوں سے وابستہ اور معزز عہدوں پر فائز رہے۔ آپ کا شجرۂ نسب جہاں تک معلوم ہو سکا درج ذیل ہے۔

منشی نوبت رائے نظرؔ، ولد منشی الفت رائے، ابن منشی خوش وقت رائے ابن دیوان فتح سنگھ ہر دیوا دیوان دھونکل سنگھ کے بیٹے تھے۔

نظرؔ مرحوم کے والد انگریزی۔ فارسی دونوں زبانوں میں کامل دستگاہ رکھتے تھے اور عہدِ شاہی کے بعد انگریزی حکومت میں سررشتۂ تعلیم میں معزز عہدوں پر فائز رہے۔ اضلاع اودھ کے بہت سے اسکول آپ ہی کے قائم کردہ ہیں جن میں سیتا پور ہائی اسکول خصوصیت کے ساتھ قابل ذکر ہے۔ خیرآباد، رودولی اور دریاآباد کے اسکول بھی مرحوم کی مساعیٔ جمیلہ کی یادگار ہیں۔ آپ نے ۱۸۶۹ء میں انتقال فرمایا جب کہ نظرؔ صاحب کی عمر محض تین سال کی تھی۔

نظرؔ مرحوم کے دادا منشی خوش وقت رائے نے آپ کی تربیت کی اور پروان چڑھایا۔ ۱۸۸۰ء میں وہ بھی اللہ کو پیارے ہو گئے۔

حالات بتاتے ہیں کہ ابھی نظرؔ سن شعور کو بھی نہ پہنچے تھے کہ بزرگوں کا سایہ سر سے اٹھ گیا اور جملہ ذمہ داریاں آپ پر عائد ہو گئیں جن سے آپ بحسن وخوبی عہدہ برآ ہوئے۔

نظرؔ دبلے پتلے میانہ قد بزرگ تھے۔ رنگ گندمی تھا۔ لباس میں سادگی

تھی مگر مزاج میں بے انتہا صفائی اور نفاست تھی۔ تصنّع اور بناوٹ سے بہت دُور تھے کسی قسم کی نمود و نمائش پسند نہیں کرتے تھے۔ طبیعت بہت غیور، خود دار اور متین تھی۔ اخلاق بڑا شگفتہ تھا۔ ہر بات میں حُسن اور لطافت مدِنظر رکھتے تھے ان کو کبھی کسی سے اُلجھتے ہوئے نہیں دیکھا گیا۔ مرنجاں مرنج طبیعت پائی تھی۔

ابتدائی تعلیم فارسی میں ہوئی۔ مولوی حسن علی لکھنوی اور مولوی فضل علی کرسوی اول سے آخر تک آپ کے معلّم رہے۔ سیاق اور علمِ مجلس کی تعلیم منشی رنگ لال چمن سے حاصل کی۔ خوشنویسی مولوی عبدالرزاق سے سیکھی۔

آپ انگریزی سے بھی ناآشنا نہیں رہے اور اس زبان میں اس درجہ استعداد حاصل کی کہ ٹینی سن اور دوسرے مغربی شعراء کی نظموں کا برجستہ ترجمہ اردو میں پیش کیا۔ "عشق اور موت" اور "گلاب" وغیرہ آپ کی قدرتِ ترجمہ پر دال ہیں۔

منشی دیا نرائن نگم کے ارشادات سے پتہ چلتا ہے کہ گو انگریزی میں اسکول کا معمولی کورس بھی ختم نہیں کیا تھا لیکن دقیق سے دقیق انگریزی مضامین کا بخوبی ترجمہ کر دیتے تھے۔

۱۸۸۴ء میں آپ آغا مظہر کے حلقۂ تلامذہ میں داخل ہوئے اور اس طرح آپ کی شاعری کا سلسلہ مصحفی تک پہنچا۔

آغا موصوف آپ پر اس درجہ مہربان ہوئے کہ اپنے دیگر شاگردوں کی غزلوں پر بھی آپ ہی سے اصلاح دلواتے تھے۔ بات دراصل یہ ہے کہ استاد نے اس جوہرِ قابل کو بخوبی پہچان لیا تھا اور اسی لئے اس پر زیادہ توجہ صرف

فرمائی۔ اس سعی کا نتیجہ یہ نکلا کہ نظرؔ ادبی حلقوں میں بجائے خود ایک استادِ کامل کی حیثیت سے بہت جلد روشناس ہو گئے۔

۱۸۸۴ء میں آپ کی عمر لگ بھگ سولہ سال ہوگی۔ شاعری کا ذوق اس سے قبل طبیعت میں پیدا ہوا ہوگا۔ یہ تو صحیح معلوم نہ ہو سکا کہ آپ نے پہلا شعر کب کہا لیکن قیاس غالب ہے کہ آپ کی شاعری کی ابتدا اس وقت ہوئی ہوگی جب آپ کے شعور کی مسیں بھی پورے طور پر نہ بھیگ پائی ہوں گی۔

۱۸۹۷ء سے آپ کی اخبار نویسی کی ابتدا ہوتی ہے۔ منشی کھنولال تاب کی تحریک سے رسالہ "خدنگ نظر" کا اجرا کیا گیا۔ مذکورہ رسالے میں بتدریج مضامین نثر بھی شامل کیے جانے لگے "خدنگ نظر" پیام یار کے بعد لکھنؤ کا سب سے قدیم گلدستہ تھا۔ پہلے اس کے سرورق پر یہ مطلع دیا جاتا تھا:

ناز ہیں اگر نگہِ فتنہ گر سے آپ

بہلائیں دل کو سیرِ خدنگِ نظر سے آپ

کچھ عرصہ بعد مندرجہ ذیل مقطع دیا جانے لگا۔

نکلا ہے بن سنور کے "خدنگ نظر" نظرؔ

یاں دل دھڑک رہا ہے کسی کی نظر نہ ہو

یہ رسالہ سابق نظام دکن میر محبوب علی خاں مرحوم کے نام نامی سے منسوب تھا۔ یقیناً وہ مذکورہ پرچہ کی عملی سرپرستی فرماتے ہوں گے لیکن اس کے باوجود مالی مشکلات کے باعث یہ رسالہ ۱۹۰۴ء کے وسط میں بند کر دیا گیا۔

"تذکرہ نویسوں میں اس امر سے متعلق اختلاف ہے کہ آپ "زمانہ" کے اسٹاف میں کب شامل ہوئے۔ ان کے متضاد بیانات کے پیشِ نظر یہ کہنا غالباً بہت زیادہ غلط نہ ہوگا کہ آپ ۱۹۰۳ء سے ۱۹۰۵ء تک کسی وقت بھی مذکورہ اسٹاف میں شامل ہوئے۔ ۱۹۰۴ء کے وسط میں "خدنگ نظر" کی اشاعت موقوف ہوئی۔ اس سے خیال ہوتا ہے کہ آپ ۱۹۰۵ء میں زمانہ کے ادارہ میں منسلک ہوئے ہوں گے۔

۱۹۱۰ء میں انڈین پریس کی دعوت پر الہ آباد گئے اور وہاں سے "ادیب" آپ کی ادارت میں شائع ہوا بعد ازاں منشی دیا نرائن نگم کے ہفتہ وار "آزاد" کی ایڈیٹری آپ کے سپرد ہوئی۔ ۱۹۱۴ء میں لکھنؤ چلے آئے۔ یہاں "تفریح" کی کرسیٔ ادارت آپ کی منتظر تھی۔ اور تھوڑے عرصہ کے بعد اودھ اخبار کی ادارت کا اعزاز بھی آپ ہی کو نصیب ہوا۔ خرابیٔ صحت کے باوجود آپ کو پنڈت برج ناتھ شرغہ کی تحریک پر "خادم ہند" سے بھی وابستہ ہونا پڑا۔

غرض کہ آپ نے دنیائے صحافت میں بڑا نام پایا۔ سیاسی اعتبار سے آپ اعتدال پسندانہ نظریہ رکھتے تھے۔ ہاں، عملی سیاسیات سے آپ ہمیشہ محترز رہے۔

محترم منور لکھنوی فرماتے ہیں کہ مولانا حسرت موہانی نظر مرحوم کے سب سے بڑے قدر دان تھے۔ ممکن ہے یہ صحیح ہو لیکن عملی قدر دانی کے اعتبار سے جناب حامد علی خاں بیرسٹر ایٹ لا کو مولانا موصوف پر فوقیت حاصل تھی۔ حامد صاحب کی وساطت ہی سے آپ مطبع نول کشور کے مالک پراگ نرائن بھارگو سے

متعارف ہوئے اور بہار گو صاحب نے آپ کی خدمات حاصل کر لیں۔ یہ وابستگی ۱۹۲۲ء تک قائم رہی اور یہی سال آپ کی وفات کا سال ہے۔

کچھ اس ایک واقعہ پر ہی موقوف نہیں۔ اس مجموعہ میں نظر مرحوم اور حامد علی خاں کے درمیان جو منظوم خط و کتابت ہوئی ہے؛ وہ بھی شامل ہے۔ اس منظوم خط و کتابت سے بخوبی اندازہ کیا جا سکتا ہے کہ بیرسٹر صاحب موصوف نہ صرف یہ کہ نظرؔ صاحب کے قدردان تھے بلکہ مُربّی و محسن بھی تھے۔

شاعری کے علاوہ آپ بڑے کامیاب مصوّر بھی تھے۔ خط نہایت پاکیزہ اور روشن تھا۔ چوسر اور گنجفہ کا شوق تھا اور شطرنج تو بہت خوب کھیلتے تھے۔

مباحثۂ چکبست و شرر میں "نقاد" لکھنوی سے جو مضامین منسوب ہیں، وہ آپ ہی کے زورِ قلم کا نتیجہ ہیں۔ یہ مضامین پہلی بار "زمانہ" میں ۱۹۰۵ء میں شائع ہوئے۔ مذکورہ مضامین سے آپ کی تنقیدی صلاحیتیں روشنی میں آئیں اور آپ کو اپنے زمانہ کا ایک قابل نقّاد تسلیم کیا گیا۔ بعد ازاں منیرؔ شکوہ آبادی، داغؔ دہلوی رجب علی سرورؔ اور آخر زمانے میں آپ نے "خطوطِ اکبر" سے متعلق مضامین تحریر فرمائے۔ ان مضامین سے فی الحقیقت چار دانگ عالم میں آپ کی شہرت کے جھنڈے گڑ گئے۔ "زمانہ" میں اردو رسالوں کے حصۂ نظم کی تنقید سے متعلق جو باب ہوتا تھا وہ آپ کا ہی لکھا ہوا ہوتا تھا۔

تنقیدی مضامین کے علاوہ آپ نے چند ناول انگریزی سے ترجمہ فرمائے ہیں جن میں "شامِ جوانی" خصوصیت سے قابلِ ذکر ہے۔ "حسین رانی" اور "عروج و زوال" آپ کے طبع زاد ناول ہیں۔ رینالڈز آپ کا محبوب

ناول نگار تھا۔

محترم منورؔ صاحب نے آپ کی وفات سے متاثر ہو کر دو نوحے تصنیف فرمائے۔ یہ دونوں نوحے "کاشانۂ دل" کے اولین ایڈیشن میں موجود ہیں۔ ان کے مطالعے سے پتہ چلتا ہے کہ حضرات صفیؔ، احمد علی شوقؔ، چکبستؔ، کاظم حسین محشرؔ عزیزؔ، دیا نرائن نگمؔ، کشن پرشاد کولؔ، پنڈت برج ناتھ شرغہ، کندن لال شررؔ اور منشی پریم چند سے مرنے والے کے خصوصی تعلقات تھے۔ ان کے علاوہ مولانا شبلی، حامد علی خاں بار ایٹ لا، مولانا عبدالماجد دریابادی، اکبر الہ آبادی، مولانا حسرت موہانی، مولانا ثاقب بہار، جن صاحب بلیغ، چمن صاحب ثروت شفیق، پنڈت بشن نرائن در آبر، پنڈت رادھے ناتھ گلشنؔ، سر تیج بہادر سپرو اور منشی لچھمن پرشاد صدر کو آپ کے حلقۂ احباب میں ممتاز ترین حیثیت حاصل تھی۔

نظرؔ مرحوم کے تلامذہ میں سب سے زیادہ شہرت محترم منشی بشیشور پرشاد منورؔ لکھنوی کے حصے میں آئی ہے۔ خدمت سے عظمت ہے اور اردو ادب کی جو خدمت منورؔ صاحب کے ہاتھوں ہوئی ہے وہ سب پر ظاہر ہے۔ لہٰذا اس اجمال کی تفصیل غیر ضروری ہے۔

منورؔ صاحب کے علاوہ تلامذۂ نظرؔ میں حافظ محمد حسین تمیزؔ، میر وہب علی اثرؔ مراد حسن مرادؔ کلکتہ والے، سلامت اللہ اسلم خوشنویس (کان پور) منشی برج موہن لال محبؔ دریاآبادی، حاجی تجمل حسین تجملؔ، قدرت غنی صابرؔ مدراسی اور منشی عبدالسبحان کا ذکر کیا جا سکتا ہے۔

جانکاہ حادثات سے کسے مفر ہے ؟ حضرت نظر بھی مستثنیات میں سے نہ تھے۔ والدۂ محترمہ کی وفات سے آپ بہت متاثر ہوئے۔ یہ دل دوز نوحہ شامل مجموعہ ہے۔

ماں باپ ہمیشہ کس کے بیٹھے رہتے ہیں ؟ یہ دن تو جلد یا بدیر ہر ایک کے لئے مقدر ہے۔ لیکن ستم یہ ہوا کہ اولادِ نرینہ تو تھی ہی نہیں، نواسہ البتہ تھا جس پر جملہ خوشیوں کا دار ومدار تھا۔ قدرت کو ان کی یہ ذرا سی خوشی بھی منظور نہ ہوئی اور یہ ہنستا کھیلتا بچہ دیکھتے ہی دیکھتے ہاتھ سے جاتا رہا۔ کچھ عرصہ بعد ماں بھی بچے سے جا ملی اور نظر صاحب کو دائمی مفارقت میں مبتلا کر گئی۔ بلا مبالغہ نظر کا کلیجہ کٹ گیا، کمر ٹوٹ گئی اور نگاہوں میں دنیا تاریک ہوگئی اس پُر درد سانحہ پر آپ نے جو نوحہ تصنیف فرمایا ہے وہ اردو ادب میں یادگار رہے گا۔

نواسہ فوت ہوا تو آپ نے اپنے بھائی کے داماد کے فرزند میں اپنے کھوئے ہوئے نونہال کو تلاش کرنا چاہا لیکن ایک روز وہ چھت سے ایسا گرا کہ چار روز بعد جان نکل گئی۔ مشیت ایزدی میں کسے چارہ۔ سے سر پر گرے پہاڑ تو فریاد کیا کرے۔

یوں تو آپ کی وفات پر ملک کے مختلف مقامات پر صفِ ماتم بچھ گئی۔ لیکن ہندو پاٹھ شالہ اشرف آباد میں جو تعزیتی جلسہ ہوا، اس کی خصوصیت یہ ہے کہ مشہور نقاد اور قومی شاعر پنڈت برج نرائن چکبست نے بہ نفسِ نفیس اس کی صدارت فرمائی۔

حضرات منورؔ لکھنوی اور جگرؔ بریلوی نے آپ کے مضامین نثر اور منظومات سے متعلق ایک فہرست مرتب فرمائی ہے۔ مضامین نثر کی فہرست درج ذیل ہے اور منظومات میں سے جو نظمیں ہمیں حاصل نہ ہو سکیں، ان کا ذکر کر دینا مناسب خیال کیا گیا ہے۔

مضامین نثر:

۱۔	زمانہ با تو نسازد تو بازمانہ بساز	زمانہ ستمبر ۱۹۰۳ء صفحہ ۲۲ — ۲۸
۲۔	تنقید گلزارِ نسیم	معرکۂ چکبست و شرر صفحہ ۶۵ .. ۱۸۶
۳۔	آخری شاہ اودھ	شمس بنگالہ ۷ — ۱۹۰۸ء
۴۔	امیر تیمور	تنویر المشرق ۱۹۰۸ء صفحہ ۶ — ۷
۵۔	انیس مغفور	زمانہ فروری ۱۹۰۸ء صفحہ ۸۷ — ۱۰۲
۶۔	تنقید کتب	زمانہ مئی و جون ۱۹۰۸ء
۷۔	نمائش کی ابتدا	ادیب دسمبر ۱۹۱۰ء صفحہ ۲۴۳ — ۲۴۶
۸۔	لکھنؤ کے قدیم نظارے	ادیب اگست ۱۹۱۰ء صفحہ ۵۷ — ۶۰
۹۔	تاج سخن	زمانہ جنوری ۱۹۱۱ء صفحہ ۸۱ — ۸۸
۱۰۔	مصورانِ سخن لکھنؤ	ادیب مارچ ۱۹۱۱ء صفحہ ۱۰۵ — ۱۱۳
۱۱۔	لکھنؤ کے قدیم ستین	زمانہ مارچ ۱۹۱۲ء صفحہ ۱۵۴ — ۱۶۱
۱۲۔	آثارِ اودھ	زمانہ ستمبر ۱۹۱۲ء صفحہ ۱۳۹ — ۱۴۴

۱۳۔ خطوط منشی امیر احمد — زمانہ نومبر ۱۹۱۲ء صفحہ ۱۹۴ — ۲۰۵

۱۴۔ تنقید کتب — زمانہ اپریل و مئی ۱۹۱۳ء صفحہ ۲۷۱، ۲۸۴

۱۵۔ اردو رسالوں کا حصہ نظم — زمانہ جولائی، اگست ستمبر صفحہ ۳۴۴ - ۳۴۹

۱۶۔ میاں غلام حسین شاہ — زمانہ جولائی ۱۹۲۰ء صفحہ ۲۵ - ۳۱

منظومات

۱۔ فصل بہار	زمانہ	اگست	۱۹۱۲ء
۲۔ قطرات باراں	زمانہ	اگست ستمبر	۱۹۱۳ء
۳۔ مظالم جنوبی افریقہ	آزاد	نومبر	۱۹۱۳ء
۴۔ فکرِ مجبور	زمانہ	جنوری	۱۹۱۳ء

۵۔ نوحہ بر وفات رائے بہادر پراگ نرائن بھارگو م مالک مطبع نول کشور و اودھ اخبار لکھنؤ } اودھ اخبار ۱۹۲۵ء

شاید مناسب ہوگا اگر ان ماخذ کا بھی ذکر کر دیا جائے جو اس مجموعے کے سلسلے میں نثر و نظم کی تکمیل کے لئے پیش نظر رکھے گئے ہیں۔

۱۔ "یادِ رفتگاں"

۲۔ "یادگارِ نظر" قلمی مسودہ۔

۳۔ جناب منور لکھنوی کا ایک غیر مطبوعہ مضمون۔

۴۔ "رہنما کے قدموں میں" حضرت منور لکھنوی "آجکل" ستمبر ۱۹۵۵ء

۵۔ بیاض جناب دیریندر پرشاد سکسینہ بدایونی۔

۶۔	ہندوؤں میں اردو	سید رفیق مارہروی
۷۔	ہندو ادیب	ناظر کاکوری
۸۔	بہارِ سخن	برق سیتاپوری
۹۔	تذکرۂ شعرائے ہنود	خواجہ عشرت لکھنوی
۱۰۔	دورِ جدید کے چند منتخب ہندو شعراء	پروفیسر عبدالشکور ایم اے
۱۱۔	سازِ زندگی	جناب کاشی ناتھ مہر دتہ!
۱۲۔	تاریخ ادبِ اردو	ڈاکٹر رام بابو سکسینہ
۱۳۔	یادگارِ برق	طالب دہلوی

اردو ادب کے منصف مورخ حضرات۔ نظر کو یقیناً اردو کے محسنوں کی صفِ اول میں جگہ دیں گے۔ یہی ان کی خدمات کا تقاضا ہے۔

طالب دہلوی

نقد و نظر

چند تبصرے بھی شامل کتاب کر دینا مناسب سمجھا گیا تاکہ وہ گوشے بھی نظر کے سامنے آجائیں جو مشاہیر اردو ادب کے پیش نظر رہے ہیں۔ یقیناً ان سے بھی نظرؔ صاحب کی شخصیت کو سمجھنے میں کافی مدد ملے گی۔

"منشی نوبت رائے نظرؔ شاعری کے علاوہ نثر کے بھی اچھے انشا پرداز تھے اور صفیؔ، عزیزؔ، محشرؔ، ثاقبؔ، ناطقؔ، چکبستؔ کی طرح آپ کا شمار بھی اساتذہ لکھنؤ میں کیا جائے گا۔" (حسرتؔ موہانی)

" فطرت سے انھوں نے علم و ادب کے لئے نہایت موزوں طبیعت پائی تھی۔ قدرت نے انہیں نہایت شستہ و سلیم ذوقِ سخن عطا کیا تھا۔ بچپن میں ان کو بہت اچھی صحبت ملی تھی۔ جس سے طبیعت میں رفعت، مزاج میں تہذیب، متانت و سنجیدگی پیدا ہو گئی تھی۔ ان کا ذہن بھی بلا کا تھا جس بات کو اور لوگ مہینوں میں حاصل کرتے ہیں، اس پر وہ چند دنوں کی محنت میں حاوی ہو جاتے تھے۔ گو انگریزی میں اسکول کا معمولی کورس بھی ختم نہ کیا تھا لیکن دقیق سے دقیق انگریزی مضامین کا بخوبی ترجمہ کر دیتے تھے۔ ان کا معیار خیال بہت اونچا

ان کا مطمحِ نظر بلند اور رفیع اور ان کی پسند مشکل ہوتی تھی۔"

(دیا نرائن نگم)

" نظر ایک فطری شاعر تھے اور یہی قدرتی میلانِ طبع اور کہنہ مشقی ان کی قدرتِ زبان اور کمالِ شاعری کا راز تھے۔ آپ کے کلام میں سلاست زبان، لطفِ بیان، اعلیٰ تخیل، غرض کہ جملہ محاسن شاعری علی الخصوص وہ سب چیزیں جو غزل گوئی کی جان ہیں، پوری طرح موجود ہیں۔ وہ غزل خوب ہی کہتے تھے اور اس صنف میں وہ اپنے امثال و اقران میں ممتاز تھے اور سب لوگ ان کی بڑی قدر اور عزت کرتے تھے۔

علاوہ شعر و شاعری کے وہ فنِ تنقید اور نثر نگاری میں بھی بہت ممتاز تھے ان کی رائے ہمیشہ بہت جچی تلی، غیر جانب دارانہ اور منصفانہ ہوتی تھی۔"

(ڈاکٹر رام بابو سکسینہ)

" نظرؔ جدید تغزل کے اماموں میں تھے۔" (جگر بریلوی)

" لکھنؤ کے اکثر مشاعرے انہیں کے ہاتھ رہے۔ درج ذیل مطلع ؎

یا دل ہے مرا یا ترا نقشِ کفِ پا ہے
غل ہے کہ اِک آئینہ سرِ راہ پڑا ہے

کی داد شعراء نے بے انتہا دی۔

اسی طرح درجِ ذیل مطلع کو حاصل طرح مان لیا گیا تھا۔ مطلع ملاحظہ ہو۔

نزع میں دیکھا جو ان کو اپنے پاس آتے ہوئے
اٹھ گئے اِک بار دونوں ہاتھ تھراتے ہوئے

آپ کو تحقیق الفاظ کا بے حد شوق تھا۔" (خواجہ عشرت لکھنوی)

" نظر اردو کے ایک کہنہ مشق ادیب اور ذہین شاعر تھے۔ ہم نے ان کا کلام مختلف رسائل میں اکثر دیکھا ہے۔ زبان کی صفائی، الفاظ کی بندش، تراکیب کی چستی مشاقی کا ثبوت دیتی ہے مگر ہم یہ بھی کہیں گے کہ ان کے تخیّل میں بلندی اور ان کے کلام میں مضمون آفرینی کم ہے۔ پھر بھی اردو ادب ان کا بہت کچھ مرہونِ احسان ہے۔

" زمانہ میں وقتاً فوقتاً ان کے ایسے تنقیدی مضامین نکلے جو پڑھنے والوں کے لئے ہمیشہ مفید ثابت ہو سکتے ہیں۔" (عبدالشکور ایم، اے)

" دنیائے ادب میں وہ وہ کارنمایاں کئے کہ آج نظرؔ مرحوم کا شمار لکھنؤ کے نامی اساتذہ میں یقیناً کیا جا سکتا ہے جن کے وہ بہ ہمہ وجوہ اہل تھے۔ وہ نسبتاً غزل ہی زیادہ کہتے تھے اور واقعی بات یہ ہے کہ ان کی غزلیں ہر پہلو سے متاثر کرنے والی ہوتی تھیں۔ انہیں اس صنف میں درجۂ کمال حاصل تھا اس لحاظ سے اس وقت ان کا ہمسر شاید ہی کوئی قرار دیا جا سکے کم از کم میرا خیال تو یہ ہے کہ نظرؔ مرحوم فنِ غزل گوئی میں یکتائے عصر تھے۔"

(سحر ہنگامی)

"نوبت رائے نظرؔ اپنے زمانے کے مشاہیر شعراء میں تھے۔ آپ کے کلام میں اچھے اشعار کی فراوانی ہے۔ آپ کے تنقیدی اور تحقیقی مضامین بہت ہی بصیرت افروز ہوتے تھے"۔

(محمد سلیم صدیقی، لکھنؤ یونیورسٹی)

"عزیزؔ، ثاقبؔ، نوبت رائے نظرؔ، چکبستؔ وغیرہ نے اپنی وسعتِ خیال اور شیرینئ مقال سے دنیائے شاعری میں ایسے بے بہا اضافے کئے کہ باید وشاید"

(مہدی حسن ناصری، الہ آباد یونیورسٹی)

"نظرؔ کی یاد ماضی دوستن ہندوؤں کے دلوں سے مٹ جائے گی کیونکہ انہوں نے محض نقالی کی ہے اور دادِ سخن دیتے ہوئے اپنے مذہب کی خصوصیات سے یا تو دامن بچایا ہے یا انہیں اسلامی رنگ میں ڈبو کر لکھا ہے"۔

(ڈاکٹر موہن سنگھ دیوانہ)

"نظرؔ صاحب کی نشست و برخاست مسلمان شاعروں اور ادیبوں میں کافی رہی۔ آپ کا شعری اور ادبی رجحان اسلامی تصورات سے بنا تھا سو سائٹی اور ماحول کا اثر ہر شخص پر پڑتا ہے اور نظرؔ صاحب بھی اس سے مستثنیٰ نہ تھے۔ آپ کی غزل میں زندگی کا حزنیہ پہلو زیادہ نمایاں ہے مگر اپنا انفرادی رنگ لئے ہوئے"۔

(منور لکھنوی)

"نظرؔ اپنے معاصرین میں اس لئے ممتاز ہیں کیونکہ انہوں نے ماحول اور پسند احباب کو بالکل نہیں دیکھا۔ مذاق عامیانہ کی پیروی نہ کرکے انہوں

نے اپنے آپ کو معاصرین سے بلند کر لیا تھا۔ آپ کے تمام کلام میں ابتذال اور رکاکت کی ایک بھی مثال نہیں ملتی جس میں مذاق عامیانہ کا شائبہ بھی ہو، حد یہ ہے کہ کوئی غزل ایسی نہیں ملے گی جس میں ایک بھی شعر بھرتی کا ہو اور اپنے معیار سے گرا ہوا ہو۔ ایک پیرایۂ بیان بھی ایسا نہیں ملے گا جو اس زمانے کے رنگ سے ملتا جلتا ہو۔ کہیں بھی وصل و ہجر کا سوقیانہ بیان نہیں ملے گا اور ایک جگہ بھی مہمل استعارات اور فرسودہ تخیّلات کا پر تو نظر نہیں آئے گا۔ یہ وہ خوبی ہے جو ہر ایک کو نصیب نہیں ہوتی۔ (خورشید حسن خاں "زنگار")

○

یاد آتا ہے، مزا کس شوخ کی تعزیر کا
دل کو حسرت ہے کہ پہلو ڈھونڈھئے تقصیر کا

ذکرِ الفت پر نتیجہ یہ ہوا، تقریر کا
میں بھی چپ ہوں، وہ بھی چپ، عالم ہے اک تصویر کا

آتے آتے رک گیا ہے، دم جو مجھ دل گیر کا
آہ بھر کے منتظر ہوں، آہ کی تاثیر کا

وحشیوں کو قید سے چھوٹے ہوئے مدت ہوئی
گونجتا ہے شور اب تک کان میں زنجیر کا

میری تربت پر نہ رو اس طرح اے وعدہ خلاف
شوق ٹھنڈا ہو نہ میری خاکِ دامن گیر کا

زلفِ لیلائے شبِ غم ہوتی جاتی ہے، دراز
اے دل کیا اثر ہو، نالۂ شب گیر کا

توڑ کر پہلو کو نکلا ہے، خدنگِ نازیوں
دل نہیں، اِک دوسرا پیکاں ہے گویا تیر کا

روتے روتے ہجر میں یاں ہوگئیں آنکھیں سفید
آپ کے نزدیک اِک قصہ ہے، جوئے شیر کا

صاف باطن ہیں، ہمارا رازِ الفت کیا چھپے
دل میں عالم ہے، یہاں آئینۂ تصویر کا

صبح تک دیکھیں، دلِ مہجور کا کیا حال ہو
قصہ ہے پھر آج مشقِ نالۂ شب گیر کا

محوِ حیرت ہو رہا ہوں، داغِ حسرت دیکھ کر
بلبلِ تصویر ہوں، میں گلشنِ تصویر کا

مر گیا زنداں میں جب میں وحشیٔ آتش نفس
بجھ گیا شعلہ چراغِ خانۂ زنجیر کا

جان کر ٹھنڈی ہوا وہ چین سے سوئے تو ہیں
دم بھروں کیوں کر نہ آہِ سردِ بے تاثیر کا

شمع ہے بزمِ جہاں میں کیا ادب آموزِ عشق
لب پہ شکوہ تک نہیں، بے رحمیٔ گل گیر کا

موت سے کیا ساز کر رکھا ہے اس نے اے نظرؔ
مدتیں گزریں، سبب کھلتا نہیں تاخیر کا

اس نے مے پی کے سرِ بزم جو ساغر اُلٹا
ورقِ انجمنِ دہر سراسر اُلٹا

کر دیا ہم آ کے چمن کو تہ و بالا کس نے
کوئی سیدھا ہے یہاں، کوئی گلِ تر اُلٹا

ناز سے تجھ کو سرِ بزم جو ساقی نے دیا
ہاتھ تھرائے کچھ اس طرح کہ ساغر اُلٹا

اے خدا کیا یوں ہی آتی ہے کسی دوست کی یاد
آگیا منہ کو کلیجہ، دلِ مضطر اُلٹا

واہ خواہانِ محبت کا یہ انبوہِ کثیر
دم مرا دیکھ کے ہنگامۂ محشر اُلٹا

جس پہ کی بیٹھ کے واعظ نے مذمت مے کی
مجلسِ وعظ میں رندوں نے وہ منبر الٹا

یہ زمانے میں محبت کے فسانے ہیں غلط
یا مرا نقشِ وفا ہے مرے دل پر اُلٹا

تاکجا اے دلِ بیمار یہ راحت طلبی
عمر بھر جب سے بچھا پھر نہ یہ بستر اُلٹا

اُٹھ گئی آج زمانے سے بساطِ الفت
بسترِ مرگ مرا اس نے یہ کہہ کر اُلٹا

اشک باریٔ شبِ ہجر کا کیا حال کہوں
دیدۂ تر نے نظرؔ ایک سمندر اُلٹا

کون رہتا ہے مذاقِ بے محل سے مطمئن
خندۂ بے جا نے غنچوں کو پریشاں کر دیا

اس سے پہلے اک پرستاں تھی مری بزمِ خیال
وحشتِ دل نے بھری محفل کو ویراں کر دیا

ہو رہا تھا مجھ سے ان سے عینِ خلوت میں ملال
آنسوؤں نے آ کے دونوں کو پشیماں کر دیا

مجسّم داغِ حسرت ہوں، سراپا نقشِ عبرت کا

مجھے دیکھو کہ ہوتا ہے یہی انجام الفت کا

انہیں شوقِ دل آزاری، ہمیں شوقِ وفاداری

خدا حافظ ہے اب اپنے کشودِ کارِ الفت کا

وصالِ یار کی اے دل کوئی پُر زور کوشش کر

ہوائے آہ سے پردہ اٹھا دے شامِ فرقت کا

رہی ہر رنگ میں ظاہر شگفتہ خاطری میری

کہ میں بعدِ فنا بھی گُل ہوں اپنی شمعِ تربت کا

دلِ پُر شوق نے ڈالا ہے مجھ کو کس کشاکش میں

اِدھر ہے حد کی بے صبری اُدھر وعدہ قیامت کا

تم ایسے بے خبر بھی شاذ ہوں گے اس زمانے میں
کہ دل میں رہ کے اندازہ نہیں ہے دل کی حالت کا

لگا رکھا ہے ان کی نذر کو چشمِ تمنا نے
وہ اِک آنسو کہ مجموعہ ہے سارے دل کی طاقت کا

مری قدرت سے اب اخفائے رازِ عشق باہر ہے
کہ رنگ آنے لگا ہے آنسوؤں میں خونِ حسرت کا

اِک آہِ سرد بھر لیتا ہوں جب تم یاد آتے ہو
خلاصہ کس قدر میں نے کیا ہے رنجِ فرقت کا

جہاں میں چار دن رہ کر فقط بوئے وفا دینا
گلوں سے میں سبق لیتا ہوں آئینِ محبت کا

نہ دو دل ہے بزمِ عالم میں نظرؔ اک سازِ شکستہ
نہ چھیڑے تارِ ہستی پر جو نغمہ اس کی قدرت کا

یاس و ناکامی سے بےحس قلبِ مضطر ہو گیا
اب ترا ملنا نہ ملنا سب برابر ہو گیا

میری الفت تیرے دل میں کیوں نہیں کرتی جگہ
داخلِ آئینے میں تیرا عکس کیونکر ہو گیا

آپ کا بیمارِ غم اور ضعف کی مجبوریاں
ساری دنیا کا خلاصہ ایک بستر ہو گیا

میرے مرنے کا تماشا دیکھنے آئے ہیں لوگ
اپنے گھر محشر سے پہلے ایک محشر ہو گیا

اس سے بڑھ کر اور کیا ہے سادہ لوحی عشق کی
آپ نے وعدہ کیا اور مجھ کو باور ہو گیا

آج سنتا ہوں، وہ آئے ہیں عیادت کیلئے
کیا مریضِ ہجر کا وعدہ برابر ہو گیا؟

ایک ذرّے کے برابر اپنے دل میں تھا جو داغ
بڑھتے بڑھتے آفتابِ روزِ محشر ہو گیا

اور کیا تکلیف دے گی خارِ حسرت کی خلش
دل میں اک قطرہ لہو کا نوکِ نشتر ہو گیا

تُو ہی دیدے اے رگِ جاں خُشک آنکھوں کو لہو
دل کا سرمایہ تو نذرِ دیدۂ تر ہو گیا!

سہل کچھ ایسا نہیں میرا تمہارا تصفیہ
ایک محشر اَور ہوگا، ایک محشر ہو گیا

آپ نے تو بال اپنے ناز سے بکھرا دیئے
اور یہاں مجموعۂ خاطر ہی ابتر ہو گیا

اب یہ حالت ہے کہ اپنے بھی ہوئے جاتے ہیں غیر
ایک جسمِ ناتواں تک بارِ بستر ہو گیا

وہ نگاہِ شرمگیں ہو یا کسی کا انکسار
جُھک کے جو مجھ سے ملا وہ ایک خنجر ہو گیا

اپنی نظروں میں جو ہے اُن کی جوانی کی بہار
خار پر جب آنکھ ڈالی اِک گُلِ تر ہو گیا

اِک نظر دیکھا تھا تم کو صرف اتنا یاد ہے
پھر نہیں معلوم میں بیہوش کیونکر ہو گیا

خاکساری کی جو عادت تھی تو آخر اے نظرؔ
خاک میں ملنے کے قابل جسمِ لاغر ہو گیا

راحت کی جگہ گلشنِ امکاں نہیں دیکھا
کس گُل کو یہاں خار بداماں نہیں دیکھا

بے ساختگیٔ جوشِ جنوں نذرِ طلب ہے
یوں نکلے ہیں گو ہم نے بیاباں نہیں دیکھا

جس بحر میں ڈوبی دلِ ناداں کی کشتی
اُس میں کبھی اٹھتے ہوئے طوفاں نہیں دیکھا

ہر ذرّے میں جب اِک نئی دنیا نہیں دیکھی
پھر تُو نے کچھ اے دیدۂ حیراں نہیں دیکھا

بیچارگیٔ عشق پہ بھی دل کو ہے اِک ناز
ڈھونڈھا اُسے جس درد کا درماں نہیں دیکھا

اس ہستیِ موہوم کی تعبیر عدم سے ہے
دنیا میں بجز خوابِ پریشاں نہیں دیکھا

جب رُخ سے نقاب اس نے سرِ بزم اُلٹ دی
پھر ہم نے کسی شمع کو سوزاں نہیں دیکھا

سائل کو یہ اندازِ طلب ایک سبق ہے
خالی کبھی دُنیا ترا داماں نہیں دیکھا

آتی ہیں کدھر سے ترے وحشی پہ بلائیں
کھُلتے ہوئے برسوں درِ زنداں نہیں دیکھا

جب جام ہوا بادۂ جاں بخش سے خالی
ہستی کا کوئی سلسلہ جنباں نہیں دیکھا

ہر سال نظرؔ فصلِ جنوں آتی ہے لیکن
مدّت سے تجھے چاک گریباں نہیں دیکھا

○

پہلو میں دل وہی ہے مگر دل نہیں رہا
یعنی اب امتحان کے قابل نہیں رہا

درماندگیٔ شوق سے پچھتا رہا ہوں اب
پہلے خیالِ دُوریٔ منزل نہیں رہا

دل مر گیا تو بزمِ تمنا اداس ہے
محفل وہی ہے، صاحبِ محفل نہیں رہا

ہم پر یہ ایک ظلم پسِ قتل بھی ہوا
یعنی ہمارے بعد وہ قاتل نہیں رہا

اے گل، ہے تیرے دور میں یہ کیا انقلاب
پھولوں سے ارتباطِ عنادل نہیں رہا

تدبیرِ بے نیازئ قاتل نہ کر ندیم
یہ زخم التیام کے قابل نہیں رہا

حسرت سلگتی رہی مجھے بے حاصلی میں بھی
کیونکر کہوں کہ عشق سے حاصل نہیں رہا

مقصود آب پاشئ کشتِ وفا نہیں
رونا یہ ہے کہ اب کوئی حاصل نہیں رہا

ٹپکا لہو کا قطرۂ آخر بھی، دیکھ لے
اے غم ہزار شکر کہ اب دل نہیں رہا

چل بیٹھیے مزارِ پہ گوری[1] کے اے نظرؔ
اپنا مکان رہنے کے قابل نہیں رہا

1 گوری نظر صاحب کا نواسہ تھا جو بچپن ہی میں اللہ کو پیارا ہوگیا تھا

یہی اِک قطرۂ خوں حاصلِ ارض و سما ہوتا
بنایا ہے جو دل میں نے، نہ ہوتا دل تو کیا ہوتا

دلِ پُر خوں کسی صورت سے اس کے کام کا ہوتا
نہ ہو سکتا گلِ رنگیں تو اِک برگِ حنا ہوتا

زبانِ شمع نے رسوا کیا سوزِ محبت کو
مناسب تھا کہ خاموشی میں یہ مطلب ادا ہوتا

محبت میں ہم ان جانکاہیوں کی داد کس سے لیں
مزا جب درد و غم کا تھا کہ وہ دردآشنا ہوتا

نہ رکھا ہاتھ دل پر اپنے، اچھا ہی کیا، ورنہ
تسلی کے عوض کچھ شوقِ بیتابی سوا ہوتا

وبالِ جانِ محزوں ہے طوالت رنجِ فرقت کی
وہ خوش ہوتے اگر بیمارِ الفت مر گیا ہوتا

مرے دل میں اگر ہوتا لہو کا ایک قطرہ بھی
تمہارا ہاتھ کیوں منت کشِ رنگِ حنا ہوتا

ضرورت کیا کسی شے کی تھی بزمِ دہر میں یارب
بس اک آئینہ ہوتا اور اک وہ خود نما ہوتا

نظرؔ کو قتل کر کے تھا لبِ خنجر پہ یہ مصرع
کہ ہوتا ہے مگر ایسا نہیں خونِ وفا ہوتا

فکرِ مآل تھی ، نہ غمِ روزگار تھا
ہم تھے جہاں میں اور ترا انتظار تھا

معنی طرازِ عشق ہر اک بادہ خوار تھا
اس میکدے میں مست جو تھا ہوشیار تھا

اُمید تھی جنوں کی، گریباں ہوا جو چاک
یعنی بہ خیر مقدمِ فصلِ بہار تھا

تھے زندگی کے ساتھ محبت کے کاروبار
آخر، کسی کے در پہ ہمارا مزار تھا

مرنے پہ بھی کٹا نہ عذابِ غمِ فراق
کنجِ لحد خلاصۂ شب ہائے تار تھا

آغازِ عشق ہی میں مجھے چُپ سی لگ گئی
اِک بات بھی نہ کی کہ نفس راز دار تھا

کیا لُطف دے گیا وہ فریبِ وفا کا دور
گویا کسی کے دل پہ ہمیں اختیار تھا

دنیا سے رہروانِ محبت گذر گئے
اس کارواں کا عالمِ ہستی غبار تھا

پھولوں سے بھی چمن میں کبھی دل کی واردات
تھی جس میں بوئے درد وہی غمگسار تھا

گرتے ہی مے زمینِ خرابات پی گئی
شاید یہاں پہ دفن کوئی بادہ خوار تھا

الفت میں زہرِ غم کی نہ ہوتی مزاولت
مقصورِ زندگی کا ہمیں اختصار تھا

چھٹ کر قفس سے میں نہ گیا سوئے بوستاں
آخر فریب خوردۂ فصلِ بہار تھا

اک آہِ گرم ہم نے بھری تھی شبِ فراق
جل کر سحر کو خاک دلِ بے قرار تھا

فرصت ملی نہ ہم کو تماشائے دہر کی
ہر ذرّہ حسنِ یار کا آئینہ دار تھا

اک لختِ دل بچا تھا مگر وہ بھی اے نظرؔ
آخر کو نذرِ دیدۂ خوننابہ بار تھا

فلسفی کہتے ہیں جس کو رازِ ہفت افلاک کا
ہے وہ اِک جوہر مرے آئینۂ ادراک کا

ناتواں رکھتے ہیں قدرت اہلِ طاقت سے سوا
زور دیکھ اے دل بگولوں میں خس و خاشاک کا

کچھ نہ سمجھے اصلیت انساں کی، گر سمجھے یہ ہم
ہے طلسم اِک آب و آتش اور باد و خاک کا

دے نہ ہمدم مجھ کو تکلیفِ بیانِ دردِ دل
دشمنی ہے پوچھنا احوال مجھ غمناک کا

صورتِ غنچہ طبیعت اپنی وحشت خیز ہے
دامنِ دل سے عیاں ہے رنگ گل کے چاک کا

خستہ حالوں سے نہ رکھ امید جز نالہ فلک
شعلۂ روشن ہے حاصل خرمنِ خاشاک کا

ناز انساں کیا کرے اس ہستیٔ موہوم پر
خاک میں مل جائے گا اِک دن یہ پتلا خاک کا

بند کیں آنکھیں یہ کہہ ہم نے وقتِ واپسیں
کیا تماشا دیکھئے دنیائے عبرت ناک کا

دید کے قابل ہے رندوں کی یہ مستی نظرؔ
پاؤں پھیلائے جہاں کچھ سایہ دیکھا تاک کا

وہ سمجھے ہیں ہماری آہِ سوزاں بے اثر ہوگی
یہ بجلی کوند جائے گی تو دنیا کو خبر ہوگی

سوادِ شامِ غم سے روح گھبراتی ہے قالب میں
نہیں معلوم کیا ہوگا جو اس شب کی سحر ہوگی

ابھی مرنا بہت دشوار ہے غم کی کشاکش سے
ادا ہو جائے گا یہ فرض بھی فرصت اگر ہوگی

معاف اے ہم نشیں گر آہ کوئی لب پہ آجائے
طبیعت رفتہ رفتہ خوگرِ دردِ جگر ہوگی

نہیں طولِ الم سے اختصارِ زندگی ممکن
یہ مشکل سہل ہوگی موت ہی جب چارہ گر ہوگی

قفس سے چھوٹ کر پہنچے نہ ہم دیوارِ گلشن تک
رسائی کس طرح تا آشیاں بے بال و پر ہوگی

بیاں جب کر سکے رونے گا ہمارے سوزِ پنہاں کا
یقیں ہے آگ کا شعلہ زبانِ نوحہ گر ہوگی

برنگِ شمع ہیں ہم بھی مسافر بزمِ ہستی میں
جو ہوگی شام دنیا میں تو عقبیٰ میں سحر ہوگی

فقط اک سانس باقی ہے مریضِ ہجر کے تن میں
یہ کانٹا بھی نکل جائے تو راحت سے بسر ہوگی

خموشی کیا بری تھی کیوں زباں تک نالۂ دل آیا
یہ کیا معلوم تھا فریاد اپنی بے اثر ہوگی

نظر اپنی تسلی کے لئے کافی ہے یہ مصرع
کہاں تک دہر میں بے قدریِ جنسِ ہنر ہوگی

دل کی حالت نہیں سنبھلنے کی
اب یہ دنیا نہیں بدلنے کی
دیکھ لو سیر دم نکلنے کی
یہ ہوا پھر نہیں ہے چلنے کی
دلِ سوزاں کو شمع کیا کہیے
اس کو حسرت کہاں ہے جلنے کی

کاروبارِ عشق کی کثرت کبھی ایسی نہ تھی
دل نہ تھا، تو تنگیٔ فرصت کبھی ایسی نہ تھی

یاس سے ویرانیٔ حسرت کبھی ایسی نہ تھی
دل میں سنّاٹا نہ تھا، وحشت کبھی ایسی نہ تھی

آپ نے بیمار پُرسی کی تو جینا ہے وبال
ورنہ مرنے کی مجھے حسرت کبھی ایسی نہ تھی

اُن کے وعدے پر ہمیں جینا پڑا ہے حشر تک
ورنہ طولانی شبِ فرقت کبھی ایسی نہ تھی

جان ہی لینے لگی مایوسیٔ صبحِ وصال
ورنہ جگر میں درد کی شدّت کبھی ایسی نہ تھی

دیکھ ڈالے زندگی میں وصل و فرقت کے طلسم
غم کبھی ایسا نہ تھا، راحت کبھی ایسی نہ تھی

بامزہ ہے کس قدر انکار ان کا وصل میں
تجھ میں اے خونِ جگر لذت کبھی ایسی نہ تھی

دل کو کیا سمجھا دیا گو نیندی جاوید سے
پردہ دارِ غم، شبِ فرقت کبھی ایسی نہ تھی

اب تو دنیا کی ہوا اور روشنی آتی ہے صاف
جب سجا اے شوق مری تربت کبھی ایسی نہ تھی

ہجر میں دل اِک مرقع تھا اُمید و بیم کا
تھی بہت ابتر، مگر حالت کبھی ایسی نہ تھی

عیشِ رفتہ کا مصیبت میں کیا جب ہم نے ذکر
دل یہ بول اُٹھا ترِی قسمت کبھی ایسی نہ تھی

دل کے چھالے میں سمٹ کر حسرتیں سب مر گئیں
قابلِ عبرت کوئی تربت کبھی ایسی نہ تھی

زندگی کی کشمکش سے مر کے کچھ پائی نجات
اس سے پہلے اے نظرؔ فرصت کبھی ایسی نہ تھی

برق و باراں کے فلک پر یہی ساماں ہوں گے

ہم جنوں میں کبھی خنداں، کبھی گریاں ہوں گے

خاک میں مِل کے ہوئے آج وہی لالہؑ و گُل

جو کسی وقت ترِے چاک گریباں ہوں گے

دل کے داغوں میں وہ قدرت ہے کہ ہوں مہرِ منیر

کچھ نہ ہوں گے تو چراغِ شبِ ہجراں ہوں گے

جیتے جی ہم سے کہاں ترکِ محبت ممکن
مر بھی جائیں گے، تو خاکِ درِ جاناں ہوں گے

وحشتِ دل میں ہے گر خوابِ زلیخا کا اثر
ہم بھی یوسف کی طرح داخلِ زنداں ہوں گے

تھوڑی تھوڑی یونہیں سب خاک ہماری لے جا
تیرے ممنون ہم اے گوشۂ داماں ہوں گے

بڑھ سکے کچھ، تو بڑھا دے شبِ وصل اے گردوں
پھر نہ یہ رات ہی ہوگی نہ یہ ساماں ہوں گے

عکسِ آئینۂ محبت میں ہے اپنی ہستی
ہم نہ ہوں گے، وہ نگاہوں سے جو پنہاں ہوں گے

جائے عبرت ہے نظرؔ سیرِ بہارِ گلشن
چار دن بعد یہی دشت و بیاباں ہوں گے

○

فسردہ خاطری کی شرح ہو سکتی ہے مشکل سے
حرارت تک نہیں اُس میں، دھوئیں اٹھتے ہیں جس دل سے

یہ ناکامی کہ آسودہ ہوئے جو خونِ بسمل سے
وہ ذرے ہو گئے خارج زمینِ کوئے قاتل سے

نہ پوچھ اے ہم نشیں تاثیرِ سوزِ غم کہاں تک ہے
شرر نکلے ہیں پتھر سے، دھوئیں اٹھے ہیں ساحل سے

لکھا تھا قسمت خرمن میں گرنا برقِ سوزاں کا
دلِ غمگیں کو خوش کرنا ہے اب افسوسِ حاصل سے

کسی کی جستجو پر ہے مدارِ زندگی اپنا
کہ مجھ کو ہر نفس نزدیک تر کرتا ہے منزل سے

کہوں کیا آرزوئے قتل میں کیوں اشکباری ہے
لہو پانی ہوا محرومیٔ دامانِ قاتل سے

بہت مجھ پر ہجومِ فکرِ دنیا ہے، مگر پھر بھی
ذرا فرصت ملی اور ذکر اُس کا چھڑ گیا دل سے

جدھر جاتا ہوں دنیا میں نظر آتا ہے سناٹا
کہاں اِس دل کو بہلاؤں نکل کر تیری محفل سے

سبب کیا پوچھتا ہے میری آہِ سرد کا ہمدم
کہ اِس اجمال کی تفصیل ہو سکتی ہے مشکل سے

ٹپکتا ہے ان آنکھوں سے جو قطرہ اشکِ حسرت کا
دِکھا دیتا ہے دریا کا جُدا ہونا وہ ساحل سے

یقینِ سوزِ غم اب بھی نہ ہو تم کو تو مجبوری
کہ صاف اِک روشنی آتی ہے باہر روزنِ دل سے

جوابِ نالۂ مجنوں حیائے حسن کیا دیتی
دھواں سا ایک اُٹھ کر رہ گیا آخر کو محمل سے

خدا جانے، یہاں تک کس خوشی سے دل کو لایا تھا
اُٹھا کر لے چلا ہوں اِک جنازہ تیری محفل سے

نظرؔ اشعار میں اظہارِ سوزِ دل کہاں ممکن
یہ کچھ چنگاریاں نکلی ہیں منقارِ عنادل سے

اِک مختصر سی چیز، تمنّا کہیں جسے
ہے وہ طلسمِ شوق کہ دُنیا کہیں جسے

دل مانگنے میں عار اُنہیں فرطِ ناز سے
نظریں وہ پڑ رہی ہیں، تقاضا کہیں جسے

یوں دیکھتے نہیں وہ مِری بے قراریاں
تڑپوں اب اس طرح کہ تماشا کہیں جسے

کیوں غش نہ ہوں میں دردِ محبّت میں اے نظؔر
یہ وہ چمک ہے برقِ تجلّی کہیں جسے

○

یہ تجربے ہوئے اس دل کو قحطِ الفت کے
وطن میں لطف اب آنے لگے ہیں غربت کے

بجھے لحد میں بھی جا کر نہ داغ فرقت کے
گواہِ حال ہیں ذرّے زمینِ تُربت کے

جو زندہ ہیں تو یہیں دیکھ لیں گے جلوۂ دوست
وہ ہم نہیں کہ رہیں منتظر قیامت کے

بے پروبالی ہوئی ہے باعثِ شادی مجھے
خانۂ صیاد میں حاصل ہے آزادی مجھے

سب سے پہلے دردِ الفت کو کیا میں نے قبول
نالہ و فریاد کی حاصل ہے ایجادی مجھے

اپنے دل کا مجمعِ حسرت نظر میں ہے ابھی
کیا پسند آئے کوئی گنجان آبادی مجھے

بعد مردن میری میّت کا تبسّم ہے گواہ
اپنے مرنے کی ہوئی ہے کس قدر شادی مجھے

مشق دل کو خون کرنے کی جو الفت میں رہی
رفتہ رفتہ آگیا کچھ فنِ جلّادی مجھے

سانس لیتے ہی صدا دیتا ہے ہر تارِ یقیں
سازِ دردِ عشق ہوں، کہتے ہیں فریادی مجھے

زندگی کا لطف تھا زندہ دلی تک اے نظرؔ
مر گیا جب دل تو یکساں ہیں غم و شادی مجھے

مِٹا یہ کون غریب الدیار راہ میں ہے
کہ مدّتوں سے بلند اِک غبار راہ میں ہے
بہ جوشِ دیدۂ خوں تا یہ بار راہ میں ہے
کہ ساتھ ساتھ ہمارے بہار راہ میں ہے
جنوں میں منزلِ مقصود کا ہو رہبر کون
خضر کا ساتھ بھی بیگانہ وار راہ میں ہے
چلے ہیں اُس کی گلی تک تو فاتحہ پڑھ لیں
کہ نامہ بر کا ہمارے مزار راہ میں ہے

تلاشِ دوست کو مانع نہیں یہ ظلمتِ شب
چراغ ہے کہ دلِ داغ دار راہ میں ہے
ہجومِ شوق کی حد ہے کوئی شبِ وعدہ
نکل کے گھر سے ترا انتظار راہ میں ہے

یہی جنوں ہے تو پہنچیں گے خاکِ منزل تک
کہ اپنے نقشِ قدم کا شمار راہ میں ہے
سفر ہے منزلِ ہستی کے خواب کی تعبیر
خزاں چمن سے چلی تو بہار راہ میں ہے
تری طلب میں ہم اک جانشیں کو چھوڑ گئے
کہ ہم نہیں تو ہمارا غبار راہ میں ہے
سفر میں بہرِ دعا اُٹھ گیا جو ہاتھ کبھی
وہی ہمیں شجرِ سایہ دار راہ میں ہے
مسافرت بھی ہے لوحِ طلسمِ دہر نظرؔ
کہیں پہ دشت، کہیں سبزہ زار راہ میں ہے

گردشِ دہر بھی اِک گردشِ پیمانہ ہے
ذرّے ذرّے میں ترا جلوۂ مستانہ ہے

کیا کہوں، دل کی تباہی کا اثر ہے کتنا
ساری دنیا نگہِ یاس میں ویرانہ ہے

حالتِ محفلِ عشرت ہے رقم سب اس میں
ایک دفتر کے برابر پرِ پروانہ ہے

تیرے ملنے کی وہ تقریب جو ہے یاد ابتک
جس سے کہتا ہوں، وہ کہتا ہے اِک افسانہ ہے

پرتوِ مہر کجا، ذرّۂ ناچیز کجا
کیوں یہ دل حسرتیٔ جلوۂ جانانہ ہے

ایک حالت پہ نہیں میکدۂ دہر کا رنگ
کس قدر عام تری لغزشِ مستانہ ہے

دل مئے عشق سے کتنا ہی لبالب ہو نظرؔ
جب چھلک جائے تنک ظرفیٔ پیمانہ ہے

ضبط سے دل نزار رہتا ہے
اندرونی بخار رہتا ہے

دلِ اہلِ حقیقت و عرفاں
زندہ زیرِ مزار رہتا ہے

یوں تو دل کو کبھی قرار نہ تھا
اب بہت بے قرار رہتا ہے

قطعِ امید ہو تو صبر آئے
روز اِک انتظار رہتا ہے

اُن کے تیور کو دیکھتا ہے یہ دل
اَور امّید وار رہتا ہے

خاکِ مدفن نہ بادِ تُند اُڑا
کہ یہاں خاکسار رہتا ہے

مایۂ زندگی سخن ہے نظرؔ
شعر ہی یادگار رہتا ہے

○

وہ تغافل کو علاجِ غمِ پنہاں سمجھا
چارہ گر بھی نہ مرے درد کا درماں سمجھا

جمع خاطر نہ ہوئی دیدہ بتاں سے اپنی
دفترِ حسن کو اجزائے پریشاں سمجھا

نہ ہوئی جلوہ گہِ ناز کی وسعت معلوم
گو میں ہر ذرّہ کو اک دیدۂ حیراں سمجھا

تھی تری یاد بھی کیا انجمن آرائے خیال
دل کے شعلوں کو بھی میں شمعِ شبستاں سمجھا

واقفِ راز محبت ہے وہی دیوانہ
اپنی ہستی کو جو اک خوابِ پریشاں سمجھا

وحشتِ دل کی ہوئی حد نہ مقرر کوئی
چند دن بعد بیاباں کو میں زنداں سمجھا

شورشِ عشق کا آساں نہ تھا اندازہ
چاک ہو کر مری وحشت کو گریباں سمجھا

ہر نفس شاہدِ دشوارئ الفت ہے نظرؔ
سخت مشکل تھا وہی کام جو آساں سمجھا

جب کسی فرقت کی شب ہونے لگا اظہارِ صبح
پھیلی قسمت کی سیاہی، مٹ گئے آثارِ صبح

مجھ کو بھی اے شمع رو دے بزم کی شب ہے اخیر
اور دو آنسو بہا اے کشتۂ آزارِ صبح

وصل میں میری زباں پر سرگذشتِ شامِ غم
اُن کے لب ہیں آشنائے لذّتِ گفتارِ صبح

صبح سے پہلے اُلٹ دی وصل میں اس نے نقاب
اب کوئی کافر بھی کر سکتا نہیں انکارِ صبح

ان کو رہتی ہے شبِ وعدہ تمنّائے سحر
کاش مل جائے مجھے بھی طالعِ بیدارِ صبح

وہ مرے گھر سے چلے نکلا فلک پر آفتاب
آج دونی ہو گئی ہے گرمیِ بازارِ صبح

دے صبوحی جلد ساقی، اب نہیں ماہِ صیام
بے سبب کیوں راہ دیکھیں شام کی میخوارِ صبح

دیکھنا کیا جلد گذری ہے شبِ وعدہ نظرؔ
وہ اِدھر آئے اُدھر ظاہر ہوئے آثارِ صبح

بہار میں ہے یہ نازآفریں ادائے بہار
قدم زمین پہ رکھتی نہیں ہوائے بہار

غضب ہے شعلہ فشاں گرمیٔ ادائے بہار
جدھر سے آگ لگی، لے اُڑی ہوائے بہار

وہ ایک تم کہ سراپا بہار و نازشِ گُل
وہ ایک میں کہ نہیں صورت آشنائے بہار

بلا سے بیٹھے ہی بیٹھے چمن میں مر جاؤں
کسے اُمید ہے پھر آئے یا نہ آئے بہار

زمیں پہ لالہ و گُل بن کے آشکارا رہا
چھپا نہ خاک میں جب حسنِ خودنمائے بہار

وہ ایک دل ہی کھِلا اور کھِلا کے مُرجھایا
ہے ابتدائے بہار اور انتہائے بہار

تعلقِ گُل و شبنم ہے رازِ الفت بھی
انہیں ہنسائے جہاں تک ہمیں رُلائے بہار

جہاں میں کس لئے کھِلتے ہیں اب یہ لالہ و گُل
دلِ نظر نہیں مدّت سے آشنائے بہار

کہاں ہیں جرعہ کشِ لطفِ ابتدائے بہار
وہ آئے ابر کے ٹکڑے چلی ہوائے بہار

وہ جھوم جھوم کے چاروں طرف گھٹا چھائی
ہوا نے کھول دی وہ زلفِ مشکسائے بہار

وہ شورِ رعد سے سارا جہان گونج اٹھا
ہوئی وہ دھوم سے پھر آج ابتدائے بہار

کڑک رہی ہے وہ بجلی گرج رہا ہے وہ ابر
بجا رہی ہے وہ سازِ طرب ہوائے بہار

پیامِ موسمِ گل لے کے ابر آیا ہے
ترانہ سنج ہیں مرغانِ خوشنوائے بہار

چمک رہی ہے یہ ابرِ سیاہ میں بجلی
چڑھا ہوا ہے کسوٹی پہ یا طلائے بہار

ہے نہ تن پہ کسی کے لباسِ بوسیدہ
نئے لباس درختوں کو پھر پنہائے بہار

چمن میں ابر کے چھینٹے کریں مسیحائی
خزاں کی فصل کے کشتوں کو پھر بلائے بہار

بس تو بہ حدیثِ مطرب و پیمانہ کہتے ہیں
یہ اِک بھولا ہوا پھر آج ہم افسانہ کہتے ہیں

کوئی خونِ تمنّا ہو، چھلک آتا ہے آنکھوں میں
اسی کو اتحادِ بادہ و پیمانہ کہتے ہیں

تباہی دل کی دیکھی ہے جو ہم نے اپنی آنکھوں سے
ہو اب کیسی ہی بستی، ہم اسے ویرانہ کہتے ہیں

فنا ہونے میں سوزِ شمع کی منّت کشی کیسی
جلے جو آگ میں اپنی اُسے پروانہ کہتے ہیں

شریکِ ماجرائے دل ہے حالِ بختِ خفتہ بھی
تمہیں سنتے ہی نیند آجائے وہ افسانہ کہتے ہیں

جفا پر صبر سیکھا ہے، وفا پر جان جاتی ہے
یہی ہے، اور کس کو ہمتِ مردانہ کہتے ہیں

تمہاری زلفِ پیچاں میں رہا کیونکر دلِ وحشی
تڑا لے جائے جو زنجیر اسے دیوانہ کہتے ہیں

معاذ اللہ! تیرا حسن، تیری بزمِ عشرت میں
یہ وہ محفل ہے جس میں شمع کو پروانہ کہتے ہیں

یہاں تو جان تک دیدی نظرؔ پاداشِ الفت میں
مگر بیداد گر باقی ابھی جرمانہ کہتے ہیں

کوئی مجھ سا مستحقِ رحم و غم خواری نہیں
سو مرض ہیں، اور بظاہر کوئی بیماری نہیں

ہر قدم پر باغِ عالم میں بچھا ہے دامِ حسن
کون ایسا ہے جسے ذوقِ گرفتاری نہیں

اس کو رحم آئے، کہاں یہ نا امیدی میں امید
دل کو خوش کرتا ہے شغلِ گریہ و زاری نہیں

جان دے کر بھی جو ہاتھ آئے تو ارزاں جانیے
سہل ایسی جنسِ الفت کی خریداری نہیں

عشق کی ناکامیوں نے اس قدر کھینچا ہے طول
میرے غمخواروں کو اب یارائے غمخواری نہیں

میری حالت دیکھ کر کیوں تم نے ٹھنڈی سانس لی
بیکسوں پر رحم آئینِ ستم گاری نہیں

ہر طرف سے یہ صدا آتی ہے مُلکِ تن میں
یہ وہ دنیا ہے جہاں رسمِ وفاداری نہیں

بند آنکھوں سے نظر آتی ہے ہر شئے دہر کی
عالمِ رویا میں فرقِ خواب و بیداری نہیں

مجھ سے ضبطِ دردِ الفت کی شکایت ہے فضول
اے دلِ ناداں تجھے احساسِ خودداری نہیں

ہو گیا شاید کہ صرفِ سوزِ غم سب خونِ دل
آنسوؤں کا اب وہ دریا آنکھ سے جاری نہیں

ہم ہیں چپ بیٹھے ہوئے لیکن ہے دل مصروفِ عشق
اس عدیم الفرصتی کا نام بے کاری نہیں

مدتوں ہم بھی رہے ہیں مجمر فروشِ سوزِ دل
ڈھونڈھیے تو راکھ میں اب کوئی چنگاری نہیں

دیکھیے گر غور سے، دنیا ہے غفلت کا طلسم
یہ بھی خوابِ عشق ہے فرقت سے بیداری نہیں

ترکِ دنیا پر ہی ہے یارانِ شاطر سے نجات
کُنجِ عزلت میں نظر کچھ خوفِ عیاری نہیں

بارِ الم نہ اٹھ سکا کثرتِ اضطرار میں
مر کے سبک ہوا ہوں میں دیدۂ اعتبار میں

جلوۂ بے ثبات ہوں رونقِ کائنات ہوں
پھول میں رنگ و بو ہوں میں، جوش ہوں میں بہار میں

چشم و چراغِ دہر تھا، پوچھتے ہو نظرؔ کو کیا
سرمہ ہے اس کی خاک بھی دیدۂ اعتبار میں

باقی نہیں ہے کوئی نشیمن زمانے میں
پہلے لگی تھی آگ مرے آشیانے میں
خونِ وفا و خونِ دل و خونِ آرزو !
یہ چند سرخیاں ہیں ہمارے فسانے میں
دنیا میں جائے امن کہاں ڈھونڈیئے نظرؔ
چاروں طرف تو آگ لگی ہے زمانے میں

○

کارگر ہو کوئی تدبیر نہ جب مرنے کو
مے پیو تم غمِ ایام غلط کرنے کو

چارہ سازانِ محبت کو یہ جلدی کیوں ہے
ایک مدت ہے ابھی زخمِ جگر بھرنے کو

دہنِ گور سے آتی ہے بشر کو یہ صدا
کوئی گوشہ ہے بہت عمر بسر کرنے کو

طولِ غم سے مختصر غم کی کہانی ہو گئی
جب بھری اک آہ، دل کی نوحہ خوانی ہو گئی

ختم دلچسپی تری اے دارِ فانی ہو گئی
ہم بھی زندہ تھے کبھی، وہ زندگانی ہو گئی

ہر قدم پر ایک نالہ، ہر نفس پر ایک آہ
زندگی کیا ایک شرحِ سخت جانی ہو گئی

ہجر میں آنکھوں سے جاری ہے برابر سیلِ اشک
بند دو کوزوں میں دریا کی روانی ہو گئی

مے کو دُنیا آتشِ سیال کہتی ہے نظرؔ
لیکن اپنے جام میں آتے ہی پانی ہو گئی

امیدِ زیست کیا ہو اس مریضِ رنج و حرماں کی
دوا پیدا نہیں دنیا میں جس کے دردِ پنہاں کی

خزاں انجام ہے سب کی بہارِ چند روزہ کا
میں رو دیتا ہوں صورت دیکھ کر گلہائے خنداں کی

یہ دو چیزیں ہیں جن کو ہم نے آنکھیں کھول کر دیکھا
سپیدی صبحِ محشر کی، سیاہی شامِ ہجراں کی

سُنا ہوگا شرارِ عشق سے دوزخ بھی کانپ اٹھا
مجھے دیکھو کہ ایسی آگ اپنے دل میں پنہاں کی

نظرؔ اب چل کے کرنا چاہیئے آباد مرقد کو
بہت ہے منتظر اپنی زمیں گورِ غریباں کی

جب وہ سرمایۂ نشاط نہیں
پھر ہمارے لئے خوشی کیسی
ہوئی کس کی نگاہ کو جنبش
دل پہ بجلی سی یہ گری کیسی
ورنہ اُٹھ اُٹھ کے کچھ بتاتا ہے
دل پہ کیا جانئے بنی کیسی

سوزاں غمِ جاوید سے دل بھی ہے، جگر بھی
اک آگ کا شعلہ کہ اِدھر بھی ہے اُدھر بھی

وہ انجمنِ ناز ہے اور رنگِ تغافل
یاں مرحلۂ آہ بھی، اندوہِ اثر بھی

اپنی شبِ ہجراں میں نہیں دخلِ تغیّر
یا شکل ہے یہاں فلسفۂ شام و سحر بھی

سنتا ہوں کہ خرمن سے ہے بجلی کو بہت لاگ
ہاں ایک نگاہِ غلط انداز ادھر بھی

وہ شمع نہیں ہم کہ ہوں اک رات کے مہماں
جلتے ہیں تو بجھتے نہیں ہم وقتِ سحر بھی

ہوتا نہیں حل مسئلۂ حسرتِ دیدار
حالانکہ ہے ماہیتِ اجزائے نظر بھی

جینے کے مزے دیکھ لئے تیری بدولت
اب او دلِ ناکام تمنا کہیں مر بھی

اللہ ری شبِ وعدہ پریشانیٔ خاطر
بیتاب سحر تک رہی آنکھوں میں نظر بھی

بس ایک نظر اور کہ اب ختم ہے قصہ
پھر ہوگی نہ تم کو مرے مرنے کی خبر بھی

اب یاس ہے ایسی کہ نہ وہ رنگ نہ تاثیر
پانی دمِ گریہ ہے نظر خونِ جگر بھی

ہو لاکھ چارہ سازی لیکن اثر نہیں ہے
ہاں درخورِ مداوا زخمِ جگر نہیں ہے

مدت سے ڈھونڈھتا ہوں ملتا مگر نہیں ہے
وہ اِک سکونِ خاطر جو بیشتر نہیں ہے

سن لو کہ رنگِ محفل کچھ معتبر نہیں ہے
ہے اِک زبانِ گویا شمعِ سحر نہیں ہے

دل تھا تو ہو رہا تھا احساسِ زندگی بھی
زندہ ہوں اب کہ مردہ مجھ کو خبر نہیں ہے

آہیں بھریں بہت کچھ، دم توڑنا ہے باقی
اس آہ میں بھی دیکھوں، ہے یا اثر نہیں ہے

تاریک ہوگئی ہے دنیا ہی جب نظر میں
پھر کوئی امتیازِ شام و سحر نہیں ہے

پردہ اُٹھا دے اِک دن تو اے حجابِ ہستی
پاتا ہوں اس کو دل میں، دیکھا مگر نہیں ہے

مرنے پہ جسمِ خاکی کیا ساتھ روح کا دے
راہِ عدم میں غافل، گردِ سفر نہیں ہے

کیا گومگو ہیں اے دل اسرارِ بیخودی بھی
سب کی خبر ہے مجھ کو، اپنی خبر نہیں ہے

پھر بھی غمِ جدائی، دُوری و نارسائی
ہر چند کوئی تجھ سے نزدیک تر نہیں ہے

ہر چیز کو جہاں میں ہر وقت ہے تغیّر
لیکن شبِ جدائی تیری سحر نہیں ہے

شرطِ وفا ہمیں سے ہوتی نہیں ہے پوری
تُو دادگر ہے ورنہ بیدادگر نہیں ہے

دنیا سے جا رہے ہو کیا لے کے اے نظر تم
زادِ سفر نہیں ہے، رختِ سفر نہیں ہے

نظر صاحب کے یہاں وہی چونکا دینے والی کیفیت ہے جو اردو شاعری کی ایک ممتاز خصوصیت رہی ہے اور جو شاعری کی انفرادیت کے ساتھ ساتھ اردو کے بانکپن کا بھی پتہ دیتی ہے۔

غالباً پہلے پہل نظر صاحب کے کمال کا اعتراف ہمہ گیر طور پر اردو مرکز (لاہور) کے انتخابات میں کیا گیا اور انکا منتخب کلام ان کے شایانِ شان انداز میں شامل ترتیب ہوا۔ اس سے پہلے بھی ان کا تذکرہ کئی مقامات پر آیا اور مختلف تذکرہ نگاروں اور ناقدوں نے ان کے فن و کمال کو تسلیم کیا۔

ولی سے لیکر فراق تک متعدد شعراء کا بانکپن اور تیکھی روش ہی اردو شاعری کو ابدی بنائے ہوئے ہے، بلاشبہ نظر صاحب اسی منفرد اور انوکھے اسلوب کو آگے بڑھانے والوں میں ہیں جو نسیم، چکبست، سرور، اور فانی کے یہاں پرورش پاتا رہا۔ کیا نظم کیا غزل ہر کہیں ان کی بلندی قائم رہتی ہے اور انھیں اردو کے ممتاز شعراء کی صف میں نمایاں مقام دلواتی ہے، شاید ہی کوئی ایسا خود کار ہو گا جو انھیں انکے کلام میں شیفتہ، عزیز، اور ثاقب کا ہم پایہ نہ دیکھ سکے گا۔

بالعموم صرف غزل یا صرف نظم کسی شاعر کا طرۂ امتیاز رہتی ہے، لیکن نظر صاحب کے یہاں دونوں ہی امتیازی شان رکھتی ہیں۔ یقیناً اردو کی جاندار شاعری کا ایک حصہ ان کا مرہونِ منت ٹھہرایا جائے گا اور انھیں اردو کا ایک خون دینے والا مجنوں تسلیم کیا جائے گا۔

ظفر ادیب